SUPPLÉMENT

A LA

BIBLIOGRAPHIE

HISTORIQUE

DU

DÉPARTEMENT DE L'EURE

PENDANT LES ANNÉES 1895 ET 1896

PAR

M. LOUIS RÉGNIER

ÉVREUX

IMPRIMERIE DE CHARLES HÉRISSEY

1898

Hommage de l'Auteur.

SUPPLÉMENT

A LA

BIBLIOGRAPHIE HISTORIQUE

DU

DÉPARTEMENT DE L'EURE

PENDANT LES ANNÉES 1895 ET 1896

Extrait du *Recueil des travaux de la Société libre d'agriculture, sciences, arts et belles-lettres de l'Eure*, année 1897.

SUPPLÉMENT

A LA

BIBLIOGRAPHIE

HISTORIQUE

DU

DÉPARTEMENT DE L'EURE

PENDANT LES ANNÉES 1895 ET 1896

PAR

M. LOUIS RÉGNIER

ÉVREUX

IMPRIMERIE DE CHARLES HERISSEY

—

1898

Nota. — Les numéros précédés d'un astérique sont ceux pour lesquels l'auteur a dû se contenter d'indications étrangères dont il n'a pu vérifier l'exactitude.

ADAM (Paul). — 1816. *Les Salons de 1896. La sculpture.* Signé : Paul ADAM. — *Gazette des beaux-arts,* 38e année, 3e pér., t. XV (1er sem. 1896), p. 449-470.

Gravure : « Bas-relief pour le tombeau de Chaplin, par M. D. Puech. (Salon des Champs-Elysées.) » P. 467.

1817. **Album** *des chefs-d'œuvre de l'art.* — Paris, L. Boulanger, édit. S. d. (1895). In-fol., [4] p. et 127 planches, dont une double. Couverture cartonnée et illustrée (12 fr.).

Pl. [28] : « Nicolas Poussin. L'Enlèvement des Sabines. »

AUVRAY (Lucien). — 1818. Bibliothèque des Ecoles françaises d'Athènes et de Rome, publiée sous les auspices du ministère de l'instruction publique. 2e série. IX, 5. *Les Registres de Grégoire IX.* Recueil des bulles de ce pape, publiées ou analysées, d'après les manuscrits originaux du Vatican, par Lucien AUVRAY,... Cinquième fascicule (... colonnes 1009 à 1284). — Paris, Albert Fontemoing, édit., 1896. In-4o à 2 col. (La couverture sert de titre.)

Ce 5e fasc. complète le t. Ier, dont le titre est ainsi conçu : « Les Registres de Grégoire IX. Recueil... Tome premier. Texte : années I à VIII (1227-1235). — Paris, Albert Fontemoing, édit., 1896. »
Col. 1168 : 2175. Pérouse, 24 oct. 1234. Le pape ordonne à l'archevêque de Rouen, à l'archidiacre de Caux et à Me *Jolio,* chanoine de Rouen, de révoquer la concession du prieuré de Montaure et de son revenu faite par l'abbaye de Saint-Ouen à Roger, *qui ab ejusdem monasterii regimine amotus fuerat,* et d'assurer la subsistance dudit Roger.

BABELON (Ernest). — 1819. [Rapport sur les fouilles entreprises par le P. de la Croix à Berthouville.] — *Bull. archéol. du Comité des trav. histor. et scientif.*, année 1896 (Paris, 1896; in-8), p. LXXXVI-LXXXVII.

Rapport présenté à la Section d'archéologie, dans la séance du 16 nov. 1896. — Voir aussi p. LXXXII.

BARBIER DE MONTAULT (X.). — 1820. *Justification archéologique des reliques de sainte Cécile conservées autrefois et maintenant à la* *métropole d'Albi*, par Mgr X. Barbier de Montault. -- Lille et Bruges, Soc. de Saint-Augustin, 1895. In-4, 95 p.

Reliques de sainte Cécile conservées dans l'église d'Acquigny. Extrait de la *Revue de l'art chrétien*, années 1893 et 1894.

BARTHÉLEMY-SAINT HILAIRE (J.). — 1821. *M. Victor Cousin, sa vie et sa correspondance*, par J. Barthélemy-Saint Hilaire. — Paris, Hachette et Cie, Félix Alcan, 1895. 3 vol. in-8, avec portrait-frontispice au tome Ier (22 fr. 50).

L'auteur a publié, t. II, p. 589-657, un fragment inédit de V. Cousin : *Les Origines de la Fronde.*

T. Ier, p. 223, 255, 376 : M. de Vatimesnil, ministre de l'instruction publique. — T. II, p. 641 : le comte d'Harcourt (Cadet la Perle); p. 643 : le duc d'Elbeuf, frère du comte d'Harcourt; p. 651 : Sublet de Noyers.

BEAUCAMP (Emile C. de). — 1822. *Nos vieilles écoles normandes. — Recueil des publications de la Soc. havraise d'études diverses*, 1896, 1er trim., p. 17-168 et 4 grav. dans le texte.

Quillebeuf, Aizier, Sainte-Croix-sur-Aizier, Boscnormand-en-Roumois, Bourg-Achard, Bourgtheroulde, la Haye-du-Theil, Manneville-la-Raoul, Puchay, Guitry, Saint-Thurien, Sainte-Opportune-près-Vieux-Port, Vattetot, Letteguive, Lyons-la-Forêt, Boscroger-en-Roumois, Etreville, la Haye-Aubrée, la Haye-de-Routot.

Tirage à part : « Soc. havraise d'études diverses. Extr. du Recueil de ses publications (année 1896, 1er trim.). Nos vieilles écoles normandes, par Emile C. de Beaucamp, instituteur au Havre. Ouvrage orné de 4 grav.,... — Havre, impr. H. Micaux, 1896. » In-8°, 160 p., avec 4 grav. dans le texte.

BELL (N.-R.). — 1823. ' Mrs N. R. Bell. *Master-pieces of the great artists A. D. 1400-1700.* A selection of the most celebrated pictures of the old masters reproduced directly from the original pictures, with descriptions, illustrated by Gleeson White. — London, Macmillan and Co. ; in-8°.

Poussin.

BERGER (Elie). — 1824. Bibliothèque des Ecoles françaises d'Athènes et de Rome, publiée sous les auspices du ministère de l'instruction publique. 2e série. I, 10. *Les Registres d'Innocent IV*, publiés ou analysés, d'après les manuscrits originaux du Vatican et de la bibliothèque nationale, par Elie Berger,... Dixième fascicule (... pages 153 à 320). — Paris, Albert Fontemoing, édit., août 1896. In-4° à 2 col. (La couverture sert de titre.)

P. 159 : 6238. Pérouse, 24 janv. 1253. Autorisation à Nicolas, abbé d'Ivry, procureur des monastères non exemptés (*non exemptorum*) de l'ordre de Saint-Benoit établis dans la province ecclésiastique de Rouen, de contracter un emprunt et d'y obliger les biens de ces monastères. — P. 177 : 6339. Pérouse, 20 fév. 1253. L'abbé d'Ivry, ayant fait des dépenses pour la négociation auprès du Saint-Siège des affaires de trente-et-un monastères de la province de Rouen, est autorisé à contracter, jusqu'à concurrence de 200 l., un emprunt, à la sûreté duquel il pourra affecter les biens de ces monastères. — P. 230 : 6585. Assise, 5 juin 1253. Henri, curé d'Harcourt, au diocèse d'Evreux, chapelain du comte de Provence, est autorisé à posséder un autre bénéfice dans l'étendue du royaume de France.

BOISLISLE (Arthur de). — 1825. *Un recueil inédit de portraits et caractères*, 1703. — *Annuaire-Bulletin de la Soc. de l'hist. de France*, année 1896 (Paris, 1896 ; in-8°), p. 206-252.

La notice est signée : A. B. [Arthur de BOISLISLE].

Monsieur le duc de Berri, [comte de Gisors] ; — *Monsieur le comte de Toulouse*, [duc de Damville] ; — *le maréchal de Villeroy*, [seigneur de Château-sur-Epte] ; — *le duc de Bouillon*, [comte d'Evreux] ; — *le duc de la Force*, [seigneur de la Boulaye] ; — *le duc de Luxembourg*, [baron de Dangu] ; — *le duc d'Harcourt*, — etc.

Tirage à part : *Un recueil inédit de portraits et caractères*, 1703 (Musée britannique, ms. addit. 29507), par A. de BOISLISLE. (Extrait de « l'Annuaire-Bulletin de la Soc. de l'hist. de France », tome XXXIII, année 1896.) — Nogent-le-Rotrou, impr. de Daupeley-Gouverneur, 1897. In-8.

BORRELLI DE SERRES. — 1826. *Recherches sur divers services publics du* XIIIe *au* XVIIe *siècle*, par le colonel BORRELLI DE SERRES. *Notices relatives au* XIIIe *siècle*... — Paris, Alph. Picard et fils, édit., 1895. In-8 (10 fr.).

Renseignements intéressants relatifs à diverses localités du département de l'Eure, surtout dans les notices intitulées : *la Comptabilité publique au XIIIe siècle* et *Origine du droit de tiers et danger*. Voir aussi, à propos de la forêt de Désœuvre, une rectification de M. Petit-Dutaillis dans un compte rendu de l'ouvrage, publié par la *Revue histor.*, t. 61e, mai-août 1896, p. 141.

BOUQUET DE LA GRYE. — 1827. *Rapport sur le domaine d'Harcourt* présenté à la commission administrative par M. BOUQUET DE LA GRYE. — *Mémoires publiés par la Société nationale d'agriculture de France*, t. CXXXVII (Paris, 1896 ; in-8°), p. 153-169.

Tirage à part : « Soc. nat. d'agric. de Fr. Rapport sur le domaine d'Harcourt présenté à la commission administrative par M. Bouquet de la Grye. Extr. des *Mémoires*, t. CXXXVII. — Paris, typogr. Chamerot et Renouard, 1895. » In-8, 33 p. Les pages 21 à 33 sont remplies par le *Rapport de M. Gurnaud* sur l'aménagement et l'exploitation des plantations d'Harcourt.

Détails historiques.

BOUREL DE LA RONCIÈRE (C.). — 1828. Bibliothèque des Ecoles françaises d'Athènes et de Rome, publiée sous les auspices du ministère de l'instruction publique. 2e série. XV, 1. — *Les Registres d'Alexandre IV.* Recueil des bulles de ce pape, publiées ou analysées, d'après les manuscrits originaux des archives du Vatican, par MM. Bourel de la Roncière, J. de Loye et A. Coulon... Premier fascicule (... pages 1 à 128), publié par M. Bourel de la Roncière. — Paris, Thorin et fils, édit.,... 15 mars 1895. In-4° à 2 col.

P. 126 : 415. Naples, 22 fév. 1255. Ordre au trésorier d'Evreux de présenter les comptes de ses recettes et de ses dépenses, conformément aux ordonnances antérieures.

— 1829. [*Idem.*] Deuxième fascicule (... p. 129 à 256), publié par M. C. Bourel de la Roncière. — Paris, libr. Thorin et fils, Albert Fontemoing, succ., 1er oct. 1895. In-4° à 2 col.

P. 180 : Anagni, 26 juin 1255. Godefroy *de Rupella*, curé de Saint-Lucien de Hacqueville (*Haquevilla*), au diocèse de Rouen, est autorisé à posséder un nouveau bénéfice, même un personat (*personatum*), outre les bénéfices à charge d'âmes dont il est déjà investi et pour lesquels il jouit d'une dispense du Saint-Siège.

— 1830. [*Idem.*] Troisième fascicule (... p. 257 à 352), publié par M. C. Bourel de la Roncière. — Paris, libr. Thorin et fils, Albert Fontemoing, succ., 15 juin 1896. In-4°.

P. 337 : 1126. Latran, 1er fév. 1256. Etienne, curé de Saint-Jean *de Bellavilla*, au diocèse de Lisieux (Boulleville ou Barneville-la-Bertran), est autorisé à accepter l'une des chapellenies ordonnées (*ordinavit*) par le doyen de Lisieux en l'église de Lisieux et en la chapelle Saint-Evroult *dicti Parvi*, à Saint-Evroult (*de villa S. Ebrulfi*).

BOUTILLIER DE SAINT-ANDRÉ. — 1831. * *Mémoires d'un père à ses enfants. Une famille vendéenne pendant la grande guerre* (1793-1795), par M. Boutillier de Saint-André, avec introduction, notes, notices et pièces justificatives par M. l'abbé Eugène Bossard,... — Paris, E. Plon, Nourrit et Cie, 1896. In-8. (7 fr. 50.)

Les généraux Turreau et Huchet en Vendée.

BRENET (Michel). — 1832. *Sébastien de Brossard, prêtre, compositeur, écrivain et bibliophile* (165. .-1730), *d'après ses papiers inédits.*

Signé : Michel Brenet. — *Mém. de la Soc. de l'hist. de Paris et de l'Ile-de-Fr.* t. XXIII (1896) [Paris, Champion, 1896 ; in-8], p. 72-124.

P. 102-104 : concours pour la place de maître de chapelle à la cathédrale d'Evreux (1711).

Tirage à part, non mis dans le commerce : *Sébastien de Brossard, prêtre, compositeur et bibliophile* (165.-1730), *d'après ses papiers inédits*, par Michel Brenet. — Nogent-le-Rotrou, impr. de Daupeley-Gouverneur, 1896. In-8°.

CALMON (A.). — 1833. *Histoire parlementaire des finances de la monarchie de Juillet*, par A. Calmon, membre de l'Institut, sénateur. Tome premier. — Paris, Calmann Lévy, édit., 1895. In-8 (7 fr. 50).

Passim : le duc de Broglie, Hippolyte Passy.

— 1834. [*Id.*] Tome deuxième. — Paris, Calmann Lévy, édit., 1896. In-8. (7 fr. 50.)

Passim : le duc de Broglie, Hippolyte Passy.

CARNOY (Henry). — 1835. Collection des grands dictionnaires biographiques. Directeur : M. Henry Carnoy,... *Dictionnaire biographique des agriculteurs de France*,... Ouvrage rédigé par un comité de spécialistes, sous la direction de M. Frédéric Ortoli,... — Bureaux à l'imprimerie de *l'Armorial français*, G. Colombier, 4, rue Cassette, Paris. S. d. In-8 à 2 col.

L'*Introduction*, signée : Frédéric Ortoli, est datée du 14 mars 1895.

P. 32-33 : *La Londe* (*Arthur-Richard Rouxelin de Formigny de*), [propriétaire du château de Freneuse-sur-Risle], avec portrait sur bois (p. 33). — Cette notice et ce portrait se trouvent également dans les ouvrages que nous mentionnons sous les nos suivants (1836 : p. 28-29 ; 1837 : p. 33-34 ; 1838 : p. 67-68 ; 1839 : p. 10-11) ; aucun de ces ouvrages n'était achevé au 31 déc. 1896, non plus que le n° 1835.

— 1836. Collection des grands dictionnaires biographiques. Directeur : Henry Carnoy,... *Dictionnaire biographique des membres des Sociétés savantes*,... publié sous la direction de M. Henry Carnoy,... — Paris, impr. de l'Armorial français. S. d. In-8, à 2 col.

L'*Introduction*, signée : Henry Carnoy, est datée du 1er nov. 1895.

— 1837. Collection des grands dictionnaires biographiques. Directeur : M. Henry Carnoy,... *Dictionnaire biographique international des collectionneurs*,... publié sous la direction de M. E.

RENART,... — ... Paris, impr. de l'Armorial français. S. d. In-8 à 2 col.

L'Introduction, signée : E. RENART, est datée du 15 déc. 1895.

— 1838. Collection des grands dictionnaires biographiques. Directeur : M. Henry CARNOY,... *Dictionnaire biographique international des écrivains*,... Ouvrage rédigé par un comité d'écrivains, sous la direction de M. Henry CARNOY,... Secrétaire de la rédaction : M. Emile MATON,... — ... Paris, impr. de l'Armorial français. S. d. In-8 à 2 col.

Introduction, signée : Henry CARNOY, non datée.

— 1839. Collection des grands dictionnaires biographiques. Directeur : M. Henry CARNOY,... *Dictionnaire biographique des notabilités normandes*,... publié sous la direction de M. Henry CARNOY,... Secrétaire de la rédaction : M. Albert DÉTRÉ,... — ... Paris, impr. de l'Armorial français. S. d. In-8 à 2 col.

L'Introduction, signée : Henry CARNOY, est datée du 20 avril 1896.

CHALLAMEL (Augustin). — 1840. Collection de documents relatifs à l'histoire de Paris pendant la Révolution française, publiée sous le patronage du Conseil municipal. *Les clubs contre-révolutionnaires*, cercles, comités, salons, réunions, cafés, restaurants et librairies, par Augustin CHALLAMEL. — Paris, L. Cerf,... ; Charles Noblet,... ; maison Quantin,... 1895. In-8.

Noms appartenant au département de l'Eure.

CHENNEVIÈRES (Ph. de). — 1841. *Une collection de dessins d'artistes français*. Signé : Ph. de CHENNEVIÈRES. — *L'Artiste*, nouv. période, t. IX et X (1895), *passim*, avec planches h. t.

T. IX, p. 21-24 : P. Le Tellier (de Vernon), avec une pl. h. t. Commencé en 1894, continué en 1896.

1842. **Coins de France**. *Pont-Audemer*. — *Le Tour du Monde*, année 1895 (*A travers le monde*, p. 317-318 ; n° du 10 août 1895). Quatre vign. dans le texte.

COURBOIN (François). — 1843. Bibliothèque nationale. *Inventaire des dessins, photographies et gravures relatifs à l'histoire générale de l'art*, légués au département des estampes de la Bibliothèque nationale par M. A. Armand. Rédigé par M. François COURBOIN sous-bibliothécaire au département des estampes. — Lille, impr. L. Danel, 1895. 2 vol. in-8°. (20 fr.)

Tome Ier :
Tome CXX [de la coll. Armand] : *Claude Gellée, Nicolas Poussin* (p. 376-378 de l'*Invent.* ; nos 9366-9439 de la coll.) — Tome CXXI : [Nicolas Poussin, suite] (p. 379-380 de l'*Invent.*; nos 9440-9485 de la coll.)

COUTIL (Léon). — **1844.** M. Léon Coutil,... *Plaque zoomorphe de style barbare trouvée à Muids (Eure).* — *Association française pour l'avancement des sciences,* fusionnée avec l'Association scientifique de France,... *Compte rendu de la 24me session, Bordeaux, 1895.* Seconde partie : notes et mémoires (Paris, 1896 ; in-8°), p. 757-759.

Le tirage à part a été mentionné no 1586.

CRÉTINEAU-JOLY (J.). — **1845.** J. Crétineau-Joly. *Histoire de la Vendée militaire.* Édition nouvelle et illustrée..., annotée et augmentée d'un cinquième volume par le R. P. Jean-Emmanuel-B. Drochon,... — Paris, maison de la bonne presse, s. d. (1896). In-8°. (5 fr. le vol.)

Tomes IV et V. — Cf. n° 1592.
Les généraux Turreau et Huchet en Vendée.

DASH (la comtesse). — **1846.** *Mémoires des autres,* par la comtesse Dash. *** *Souvenirs anecdotiques sur Charles X — la Révolution de Juillet.* — Paris, à la librairie illustrée, s. d. (1896). In-12, avec portr. de l'auteur sur le titre et la couverture. (3 fr. 50.)

La couverture porte : « Mémoires des autres, par la comtesse Dash. *** Souvenirs anecdotiques sur Charles X et la Révolution de Juillet. Publiés par Clément Rochel. — Paris, à la libr. ill. » — Cf. nos 1593 et 1594.
P. 120-121 : Suzanne Brohan.
« La comtesse Dash » est le pseudonyme de Gabrielle-Anne de Cisternes, vicomtesse du Poilow de Saint-Mars.

DAST LE VACHER DE BOISVILLE. — **1847.** *Documents relatifs à l'arrestation des Girondins à Saint-Emilion et à la saisie des papiers de Guadet,* publiés par M. Dast Le Vacher de Boisville,.. . — Bordeaux, impr. de G. Gounouilhou, 1896. In-4°, 11 p.

Extr. des *Archives histor. du dép. de la Gironde,* t. XXXI.
Buzot.

DESCAVES (Lucien). — **1848.** *Quelques aveugles,* par Lucien Descaves. — *Revue encyclopédique,* année 1896 (Paris, libr. Larousse ; in-4°), p. 317-321, avec gravures dans le texte.

P. 320-321 : Mme Bertha Galeron-De Calonne (avec portrait, p. 320). — Mme Galeron, poète, habite Dangu.

DOINEL (J.-S.). — 1849. * Jules-Stanislas Doinel. *Histoire de Blanche de Castille.* — Tours, Mame et fils, 1896. Gr. in-8°, 367 p. et grav.

Mariage de Louis de France et de Blanche de Castille à Portmort.

1850. **Ecole polytechnique.** *Livre du centenaire*, 1794-1894. Tome I. *L'Ecole et la science.* — Paris, Gauthier-Villars et fils, 1895. Gr. In-8, nombreux portraits et gravures dans et hors texte.

P. 89 et suiv. : *Polytechniciens ayant marqué dans les sciences. Biographies :*
P. 176-181 : [Le général] *Morin.* Signé : A. Laussedat. Avec portrait h. t. — P. 291-312 : *Fresnel.* Signé : A. Cornu. Avec portrait h. t. — P. 470-471 (note 1) : [Le marquis de Chambray, † 1848].

EDGEWORTH (Maria). — 1851. *Lettres intimes de Maria Edgeworth* pendant ses voyages en Belgique, en France, en Suisse et en Angleterre en 1802, 1820 et 1821. Orné d'un portrait de miss Edgeworth (dessin de M. G. Profit). Préface de Mme W. O'Brien. Traduit de l'anglais par Mlle P. G. — Paris, Guillaumin et Cie, 1896. In-12. (3 fr. 50.)

Le portrait annoncé par le titre se trouve sur la couverture.
P. 92 et 189 : La duchesse de Broglie.

ETARD (G.). — 1852. * G. Etard. *Le Sénat illustré*, 1894-1897. — Paris, gr. in-8, 834 p.

Biographies de tous les sénateurs, avec portraits sur bois.
MM. Guindey, Milliard, Parissot.

FAGUET (Emile). — 1853. * E. Faguet. *Benserade, sa vie, ses idées, ses œuvres.* — *Revue des cours et conférences*, nos des 17 et 24 déc. 1896.

FLAMMERMONT (Jules). — 1854. *Les correspondances des agents diplomatiques étrangers en France avant la Révolution* conservées dans les archives de Berlin, Dresde, Genève, Turin, Gênes, Florence, Naples, Simancas, Lisbonne, Londres, La Haye et Vienne, par Jules Flammermont,... (Extr. des *Nouvelles Archives des missions scientifiques*, tome VIII.) — Paris, E. Leroux, 1896. In-8°.

Passim : le comte de Belle-Isle, le comte de Broglie, le maréchal de Broglie, le baron de Breteuil, le chancelier Maupeou, etc. — Cf. n° 1631.

FOURNIER (Marcel). — **1855.** Histoire générale de Paris. *La Faculté de décret de l'Université de Paris au* xve *siècle*, par Marcel FOURNIER, professeur agrégé à la Faculté de droit de Caen,... Tome premier (deuxième section). — Paris, impr. nat., 1895. In-4°.

Le faux-titre est ainsi conçu : « Histoire générale de Paris. Collection de documents publiés sous les auspices de l'édilité parisienne... »

La première partie du tome Ier n'est pas encore publiée. — Dans la seconde partie, on trouve mentionnés les personnages suivants : Pierre *de Gecuria*, clerc du dioc. d'Evreux, p. 139 ; Jacques du Quesney, curé de Saint-Siméon, dioc. de Lisieux, p. 140 ; fr. Jean de la Motte, de Rouen, religieux du Bec, prieur de Canchy, puis prieur du Bec, 141, 150, 178 ; Jean Boulanger, du dioc. d'Evreux, 150 ; fr. Gilles Oudard, religieux de Sainte-Barbe-en-Auge, prieur-curé de Cesseville, 135, 160, 181 ; fr. Guillaume *Levraudi*, prieur du prieuré de Saint-Germain de Marcilly, dioc. d'Evreux, 162 ; Gilbert Gilles, maître ès arts, d'Andely ; Laurent du Bois, curé de N.-D. de Puchay, 192, 206, 215 ; Robert de Channincourt (il faut sans doute lire : Chauvincourt), clerc du dioc. de Rouen, 211, 214, 221, 244 ; Olivier *de Ecra* (ou *Dacre*), curé de l'une des portions de Beuzeville, dioc. de Lisieux, 250 ; Jean Nicolas, m^e ès arts, du dioc. d'Evreux, 265 ; Jean *Morelli*, du dioc. d'Evreux, 277, 286, 319 ; Aubert *Morelli*, curé du Marais-Vernier, 281, 286, 320, 332 ; Jean *de Delie*, chanoine d'Evreux, 288 ; Alain Kierketon, archidiacre du Neubourg, 296, 316, 319 ; Jean Baudin ou Vaudin, m^e ès arts, du dioc. d'Evreux, 297, 300, 308 ; Simon Chevestre, id., 297, 300, 308, 354 ; Pierre François, id., 298, 300, 309, 345, 355 ; Jean *Pastorelli*, du dioc. d'Evreux, 321, 334, 344, 355, 359 ; Lucas *Sutoris*, curé de Saint-Cyr et Sainte-Julite, au dioc. d'Evreux, 324 ; Jacques Germain, prêtre du dioc. d'Evreux, 331, 345 ; Nicolas *de Duclu*, du dioc. de Lisieux, curé de Montreuil, 362, 374, 390, 415 ; Philippe Caron, prêtre du dioc. d'Evreux, 361, 381, 386, 392, 393 ; Gilles de la Noe, du dioc. d'Evreux, 370, 373 ; Pierre Fleury, id., 370 ; Raoul Goyont, id., 388, 404, 429 ; Hubert, archidiacre du Neubourg, 395 ; Pierre Houel, m^e ès arts, du dioc. d'Evreux, 422 ; Philippe *de Gongolio*, curé de Beaumontel, 422 ; Philippe Le Moine, chapelain de l'église d'Evreux, 425. — Personnages divers des diocèses de Rouen et de Lisieux. — Parmi les régents, les abbés de Saint-Taurin et du Bec. — P. 395 et suiv. : actes du décanat de Guillaume Bonnet, abbé de Cormeilles, de nov. 1432 à nov. 1434.

1856. Grande Encyclopédie (la). Inventaire raisonné des sciences, des lettres et des arts, par une société de savants et de gens de lettres... Tome vingt-deuxième... *Lemot-Manzoni*. — Paris. H. Lamirault et Cie, édit. S. d. (1896). In-4° à 2 col.

P. 11, col. 2 : *Lenormant* (*Charles*),... (article signé : A.-M. B.). — P. 12, col. 1 : *Lenormant* (*François*),... (article signé : A.-M. B.) — P. 60, col. 2 : *Lepouzé* (*Jean-Louis*), *homme politique*... (signé : A. DEBIDOUR). — P. 64, col. 1 : *Le Prévost* (*Auguste*),... (signé : M. P. [Maurice PROU]). — P. 278, col. 1 : *Lindet* (*Robert Thomas*),...

(signé : H. Monin). — P. 278, col. 2 : *Lindet (J.-B. Robert)*,... (signé : H. Monin). — P. 527, col. 1 : *Longchamp (Guillaume de)*,... (non signé). — P. 600, col. 2 : *Lottin de Laval* (non signé). — P. 686, col. 1 : *Louviers* (non signé). — P. 839, col. 2 : *Lyre (Nicolas de)* (non signé). — Etc.

GUIZOT. — 1857. *Lettres de M. Guizot à M. et Mme Charles Lenormant.* 1848-1874. — *Le Correspondant*, 68e année, 1896, t. 182 de la coll., p. 405-446, 605-638 ; t. 183, p. 1041-1072 ; t. 184, p. 68-99 (nos des 10 et 25 fév., 25 juin et 10 juillet).

T. 182, p. 628 : M. Le Prevost. — T. 183, p. 1063 : M. Guizot à Broglie. — T. 184, p. 92 : Mort de M. Le Prevost.

HAYE (l'abbé). — 1858. * L'abbé Haye. *Notes historiques sur Chartres et le diocèse pendant l'épiscopat de Louis et Charles Guillard* (1525-1553 — 1553-1573). Extr. des *Mém. de la Soc. archéol. d'Eure-et-Loir.* — Chartres, Garnier, 1896. In-8.

Claude de Sainctes, évêque d'Evreux. — Cf. no 1663.

HECQUARD (E.). — 1859. *La chapelle et le pèlerinage de Notre-Dame de Bonne Nouvelle*, paroisse de Guainville. Signé : E. Hecquard, curé de Villiers-en-Désœuvre. — *Archives historiques du diocèse de Chartres*, année 1896 (*Pièces détachées pour servir à l'histoire du diocèse de Chartres*, p. 153-180, avec 4 grav. et 2 vign. dans le texte).

Le tirage à part a été inventorié no 1664.
La chapelle de Bonne Nouvelle a longtemps été considérée comme faisant partie du diocèse d'Evreux.

JORGA (N.). — 1860. * *Philippe de Mézières* (1327-1405) *et la croisade au* xive *siècle*, par N. Jorga. — Paris, Bouillon, 1896. In-8, xxxiv-555 p.

110e fasc. de la *Biblioth. de l'Ecole des hautes études*, section des sciences histor. et philol.
P. 429-433, M. Jorga établit en faveur de Philippe de Mézières la paternité du *Songe du Verger*, attribué en 1863 à Charles de Louviers par M. Léopold Marcel.

LE CHOLLEUX (R.). — 1861. *Revue biographique des notabilités françaises contemporaines*,... publiée avec le concours de M. R. Le Cholleux,... et d'un groupe de littérateurs et d'écrivains. Premier volume (deuxième édition). — Rédaction et administration, 195, rue de l'Université, Paris. S. d. (1896). In-4o à 2 col. (30 fr.)

Pour la 1re édit., cf. no 1686.

Docteur Bourneville, p. 189; duc de Broglie, p. 177; Armand Cassagne, p. 412; Camille Fouquet, p. 134; Jacques Olry, p. 171; Ernest Thorel, p. 179.

— 1862. *Revue biographique des notabilités françaises contemporaines...*, publiée avec le concours de M. R. Le Cholleux,... et d'un groupe de littérateurs et d'écrivains. Deuxième volume... — Rédaction et administration, 195, rue de l'Université, Paris. S. d. (1896). In-4° à 2 col. (30 fr.)

Prince de Broglie, p. 154; Louis Passy, p. 77.

LESUR (Emile). — 1863. *Nos grands évêques au XIXe siècle*, par Mgr Emile Lesur,... et M. François Bournand,... — Tours, Alfred Cattier, édit., 1895. In-8, avec portraits dans le texte.

P. 6-43 : *Le cardinal de Bonnechose* (1800-1883). — Portr. p. 6. P. 329-356 : *Le cardinal Mathieu* (1796-1875), [vicaire général et supérieur du grand séminaire d'Evreux]. — Portr. p. 329.

LEVASSEUR (Emile). — 1864. *Une semaine au château d'Harcourt*, par M. Emile Levasseur. — *Mémoires publiés par la Société nationale d'agriculture de France*, t. CXXXVII (Paris, 1896 ; in-8°), p. 183-199.

Pas de tirage à part.

LOUIS (Désiré). — 1865. *Les Arbres de Jessé*. Signé : Désiré Louis. — *Revue encyclopédique*, année 1896 (Paris, libr. Larousse ; in-4°), p. 953-958, avec 11 gravures dans le texte.

Gravure : « Arbre de Jessé, à la chapelle des fonts de l'église de Gisors. — Phot. Robert. » Photograv., p. 958.

MARSY (comte de). — 1866. *Les plaques de foyer*, par M. le comte de Marsy. — *Bull. de la Soc. des antiq. de Norm.*, t. XVII (Caen, 1896 ; in-8°), p. 164-184 et 2 planches h. t.

Plaques de foyer aux armes du maréchal de Belle-Isle et des Leconte de Nonant, marquis de Beaumesnil. Modèles de plaques conservés à l'usine du Vieux-Conches.

Tirage à part : « Les plaques de foyer. Lecture faite à la séance publique de la Société des antiquaires de Normandie le 18 janvier 1894, par le comte de Marsy,... — Caen, Henri Delesques, imp.-édit,. 1896. » In-8, 23 p. et 2 pl. h. t.

— 1867. *Discours de M. le comte de Marsy*. — *Bull. de la Soc. des antiq. de Norm.*, t. XVII, p. 251-286, gravures dans le texte.

Discours prononcé à la séance publique de la Société des antiquaires de Normandie, tenue sous la présidence de M. le comte de

Marsy, le 13 déc. 1894. — Sur les pèlerins normands en Terre-Sainte.
Voyages faits en Palestine par frère Nicole Le Huen, religieux du couvent des Carmes de Pont-Audemer (1487; relation impr. en 1488), et par Greffin Arfagart, seigneur de Courteilles au Perche, paroisse du Theil, et Bonaventure Brochard, cordelier du couvent de Bernay (1533 ; relation ms. à la B. N.)

Tirage à part : « Les Pèlerins normands en Palestine (xve-xviie siècle). Lecture faite à la séance publique de la Société des antiquaires de Normandie, le 13 déc. 1894, par le Cte de Marsy,... — Caen, H. Delesques, 1896. » In-8°, 38 p., gravures dans le texte.

MONTARLOT (P.) — 1868. *Correspondance du maréchal de Brézé, 1632-1649*. Signé : P. Montarlot. — *Mém. de la Soc. éduenne*, nouv. série, t. XXIII, p. 329-364, et t. XXIV, p. 203-286 (Autun, 1895 et 1896 ; in-8°).

T. XXIII, *passim* : le maréchal de la Force, [seigneur de la Boulaye]. — T. XXIV, p. 209-210 : opérations de La Force sur le Rhin (1635); p. 219 : lettre de Brézé à Sublet de Noyers (1642) ; p. 274-280 : lettres de Sublet à Brézé (1638-1642).

Pas de tirage à part.

1869. **Musée (le)** *de sculpture comparée du palais du Trocadéro*. Du xie au xve siècle. Renaissance. Louis XIII. Louis XIV. Louis XV. Louis XVI. Jusqu'à nos jours. — Paris, Guérinet, édit. des musées nationaux. S. d. (1896). 2 albums de planches phototypiques in-fol., avec titres et deux feuillets de légende.

Premier volume : « Pl. 45 : xvie siècle. Église St-Maclou à Rouen. — xvie siècle. Cathédrale d'Évreux. [Clôture en bois sculpté de la chapelle Saint-Vincent-de-Paul.] » — « Pl. 48 : Stalles du chœur de la cathédrale d'Amiens... — xvie siècle. Château de Gaillon (Eure). [L'une des stalles.] — « Pl. 71 : xvie siècle. Sculptures style Renaissance. » [Clôture de la chapelle de l'Immaculée Conception, à la cathédrale d'Évreux.]

Second volume : « Pl. 169 : xvie siècle. Stalles, château de Gaillon. [Deux miséricordes.] — xiiie siècle. Sens, voussure du portail. » — « Pl. 189 : xvie siècle. Château de Gaillon (Eure). [Une stalle.] — Fin du xiie siècle (*sic*). Eglise St-Urbain à Troyes. »

NOLHAC (Pierre de). — 1870. *La dauphine Marie-Antoinette*, par Pierre de Nolhac. — Paris, Boussod, Valadon et Cie, édit. S. d. (1896). In-4°, nombr. grav. (60 fr.).

Gravures : Portrait h. t. de la Dauphine, par Hubert Drouais, [né à la Roque-sur-Risle]. — « Le duc de Penthièvre et sa famille. Peinture de L.-M. Vanloo. » (Héliogr. h. t. p. 160.)

Cet article doit remplacer le n° 1719

OMONT (Henri). — 1871. *Charte inédite de Philippe-Auguste en faveur de Pierre Mauvoisin* (1197). [Note préliminaire signée : H. O. (Henri OMONT).] — *Bull. de la Soc. de l'histoire de Paris et de l'Ile-de-France*, année 1896, p. 198.

Le roi fait don à Pierre Mauvoisin de tout ce qu'il possédait à Cergy (Seine-et-Oise). Cette charte est datée à Gisors de l'année 1197.

PARMENTIER (A.). — 1872. A. PARMENTIER,... *Album historique*, publié sous la direction de M. Ernest LAVISSE, de l'Académie française. Tome premier. *Le Moyen Age*. Habitation, vêtement, alimentation, mobilier, armes, etc., du IVe au XIe siècle. — Armand Colin et Cie, édit., Paris, 1895. In-4°. (12 fr.)

Grav. : « Châsse de saint Taurin, à Évreux... », p. 225.

PETIT (Ernest). — 1873. *Séjours de Jean II* (1350-1356), par Ernest PETIT,... Extrait du *Bull. histor. et philol.*, 1896. — Paris, impr. nat., 1896. Broch. in-8°.

Neaufle, Pacy, Vernon, Vaudreuil, Château-Gaillard, abbaye de Bonport, Noyon-sur-Andelle, Maineville, Gisors, le Plessis près Ecouis, abbaye de l'Isle-Dieu, Gaillon, Bourg-Achard, Saint-Philbert-sur-Risle, abbaye de Cormeilles, Pont-de-l'Arche, Évreux, Tillières, Breteuil.

Cette communication figure au *Bull. histor. et philol.*, p. 587-612 de l'année 1896, parue avec la date 1897.

— 1874. *Séjours de Charles VIII* (1483-1498), par Ernest PETIT,... Extr. du *Bull. histor. et philol.*, 1896. — Paris, impr. nat., 1896. Broch. in-8°.

Evreux, Louviers, Pont-de-l'Arche, Pont-Audemer, Garennes, les Andelys.

Cette communication figure au *Bull. histor. et philol.*, p. 629-690 de l'année 1896, parue avec la date 1897.

1875. [**Postilles (les)** de Nicolas de Lyre. — Description d'un exemplaire de l'édition imprimée à Mantoue en 1481.] — *Biblioth. nat. Bulletin mensuel des récentes publications françaises*, année 1896, p. 502, col. 2.

RÉGNIER (L.). — 1876. *Epigraphie du canton de Chaumont-en-Vexin*, par L RÉGNIER et J. LE BRET. — Beauvais, impr. D. Pere, 1896. In-8°, [4]-283 p., avec 7 planches h. t. et 3 fig. dans le texte.

Au revers du faux titre : « Tirage à cinquante exemplaires. »

Extrait, augmenté de plusieurs gravures, des *Mém. de la Soc. académ. de l'Oise*. Cf. nos 469, 734, 1767.

P. 7 : Tombe de Renaud de Chaumont, seigneur de Guitry et de Boissy, et de Jeanne de Beaumont, sa femme (?) (XIVe siècle. Eglise de Boissy-le-Bois.) — P. 19 et 249 : Fondation par Jean Liégeault, religieux de l'abbaye du Bec, prieur de Bouconvilliers. (Vers 1570. Eglise de Bouconvilliers). Avec une pl. — P. 23 : Epitaphe de J.-B. Lemoyne de Bellisle, seigneur de Vernonnet, Hennezis, etc. (1791. Chapelle du château de Bouconvilliers). — P. 28 : Tombe de Georges du Bec, baron de Boury (1584), et de Marie Jubert, dame du Marais-Vernier, sa femme (1613. Eglise de Boury.) — P. 73 : Epitaphe de Guillaume de Chaumont, seigneur de Quitry, Forêt, Réquiécourt, etc (1543. Chapelle funéraire de la famille de Chaumont-Quitry, à Chaumont). Avec une fig. — P. 104 : Fondation par Claude Delaclaye, prêtre de Gisors. (16.? Eglise d'Eragny.) — P. 104 : Fondation par François Laisné, bourgeois de Gisors. (1643. Même église.) — P. 232 : A la mémoire de J.-B. Lemoyne de Bellisle († 1791), seigneur de Vernonnet, Hennezis, etc., et d'Hélène-Emilie de Palerne, sa femme († 1800). Eglise de la Villetertre. Avec une pl. — Etc.

RICHARD. — 1877. Collection des Guides-Joanne. *Guide du voyageur en France*, par RICHARD. III. *Réseau de l'Ouest*. 3 cartes et 16 plans. — Paris, libr. Hachette et Cie, 1895. In-12. (3 fr.)

Vernon, les Andelys, Pont-de-l'Arche, Gisors, Louviers, Evreux, Conches, Beaumont-le-Roger, Bernay, Broglie, Pont-Audemer, Verneuil, etc.

RIGG (J.-M.) — 1878. * J. M. RIGG. *St Anselme of Canterbury*. — London, Methuen, 1896. In-8, 204 p. (7 sh. 6 d.)

Saint Anselme à l'abbaye du Bec.

SAGNIER (Henry). — 1879. *Le domaine d'Harcourt*. — *Bull. des séances de la Soc. nat. d'agric. de France*, année 1895, p. 318-322 (séance du 19 juin 1895).

SAIGE (Gustave). — 1880. * *Cartulaire de la seigneurie de Fontenay-le-Marmion*, provenant des archives de Matignon, publié par Gustave SAIGE. — Impr. de Monaco, 1895. In-4°, XL-230 p.

Fait partie de la *Collection de documents historiques publiés par ordre de S. A. S. le prince Albert Ier, prince souverain de Monaco.*

Les Montenay, seigneurs de Garancières, possédèrent Fontenay-le Marmion aux XIVe et XVe siècles.

1881. **Société archéol. d'Eure-et-Loir.** *Dalles tumulaires et pierres* *tombales du département d'Eure-et-Loir.* Tome premier. — Chartres, impr. Garnier, 1892. In-4°, avec 64 planches h. t. (25 fr.)

XLI. *Arnoul, abbé de Saint-Père* [de Chartres] (inh. en 1033). Abbaye de Saint-Père, église. [Ce tombeau était jadis attribué à Robert, archevêque de Rouen, fils de Richard Ier, duc de Normandie et premier comte d'Évreux, † 1037.] — Une planche et deux pages de texte, signées R. M. [René Merlet].

LVII. *Léonor de Lars, dame de Saint-Sec.* Bleury, église. [Fille de Guillaume de Lars, bailli d'Évreux ; épouse de Berthier Renard, seigneur de Courtamblay ; † 1517.] — Une planche et 2 pages de texte, signées : L. M. [Lucien Merlet].

LXIV. *Marguerite Le Veillart.* († 1583). Chartres, ancienne église des Jacobins. [Appartenait à la famille de Martin Le Veillart, receveur des tailles à Verneuil en 1530.] — Une planche et 2 pages de texte, signées : Roger Durand.

STORELLI (A.). — 1882. A. Storelli. *Jean-Baptiste Nini, sa vie, son œuvre*, 1717-1786. — Tours, impr. A. Mame et fils, 1896. Gr. in-8 ; nombr. grav. dans le texte. (40 fr.)

[No XXI du catal. de l'œuvre de Nini : Médaillon au revers duquel est écrit : « Chaulieu, neveu de l'abbé »], avec *grav.* — Cette attribution est inexacte ; elle ne peut s'appliquer tout au plus qu'à un petit-neveu de l'abbé ou mieux encore à un arrière-neveu : il n'est pas vraisemblable, en effet, que le médaillon dont il s'agit soit la reproduction d'une œuvre antérieure à Nini.

TARBELL (Ida M.). — 1883. * *Madame Roland.* A biographical study, by Ida M. Tarbell. — New-York, Charles Scribner's sons, 1896. In-12, cart., XII-328 p.

Liaison de Mme Roland et de Buzot.

TIMMERMANS (F.). — 1884. * F. Timmermans. *Histoire abrégée de la peinture et des peintres anciens et modernes les plus célèbres.* — Gand, A. Siffer, 1896. In-8, VI-200 p.

Poussin.

VAPEREAU (G.). — 1885. *Dictionnaire universel des contemporains*, contenant toutes les personnes notables de la France et des pays étrangers... ; ouvrage rédigé et tenu à jour, avec le concours d'écrivains de tous les pays, par G. Vapereau,... *Supplément à la sixième édition.* — Paris, libr. Hachette et Cie, 1895. In-8. (2 fr.)

Articles *Broglie* (Victor, prince de), *Guindey*, *Hautin* (Mgr), *Isambard*, *Leroy* (Louis-Modeste).

VAUX (baron de). — 1886. Le baron de VAUX. *L'équitation en France. Les écoles de cavalerie.* Préface par S. A. I. le prince Roland BONAPARTE. Orné de 16 planches et de 270 illustrations. — Paris, J. Rothschild, édit., 1896. In-8, XXIV-400 p., nombr. grav. dans et hors texte. (30 fr.)

Le titre ci-dessus se lit sur la couverture, illustrée en couleurs. En outre, le volume s'ouvre par deux titres placés en regard l'un de l'autre et séparés par une planche-frontispice : 1° « *L'équitation en France depuis 1680 jusqu'à nos jours.* Etude historique... Paris, J. Rothschild, édit., 1896. » — 2° « Le baron de VAUX. *Les écoles de cavalerie :* Versailles, l'École militaire, l'École de Saint-Germain, Saint-Cyr, Saumur. Étude des méthodes d'équitation des grands maîtres... Préface de Son Altesse Impériale le prince Roland BONAPARTE. Paris, J. Rothschild, édit., 1896. »

Texte. — P. 171-173 : le général Clément de la Roncière.

Grav. — P. 103 : le premier président Maupeou. — P. 110 : le maréchal de Belle-Isle. — P. 153 : le général Clément de la Roncière

[VEUCLIN (E.)] — 1887. *Le prieuré de Maupas.* — In-8, 8 p., s. l. n. d. Il n'y a qu'un titre de départ. Publication inachevée.

VIAN (Louis). — 1888. Louis VIAN... *Les Lamoignon : une vieille famille de robe.* — Paris, P. Lethielleux, lib.-édit. S. d. (1896). In-12. (3 fr.)

P. 238, 256 et *passim :* Les deux premiers présidents Maupeou.

TABLE DES NOMS DE LIEUX

TABLE DES NOMS DE PERSONNES

Les *italiques* désignent les noms d'auteurs.

Roger, prieur de Montaure, 1818.
Roland (Mme), 1883.
Rouxelin de Formigny de la Londe, 1835.
« Rupella » (Godefroy *de*), curé d'Hacqueville, 1829.
Sagnier (Henry), 1879.
Saige (Gustave), 1880.
Sainctes (Claude de), évêque d'Évreux, 1858.
Storelli (A.), 1882.
Sublet de Noyers, 1821, 1868.
« Sutoris » (Lucas), curé de Saint-Cyr-la-Campagne, 1855.
Tarbell (Ida M.), 1883.
Thorel (Ernest), 1861.
Timmermans (F.), 1884.
Toulouse (comte de), 1825.
Turreau (général), 1831, 1845.
Vanloo (L.-M.), 1870.
Vapereau (G.), 1885.
Vatimesnil (de), 1821.
Vaudin (Jean) ou Baudin, 1855.
Vaux (baron de), 1886.
Veuclin (E.), 1887.
Vian (Louis), 1888.
Villeroy (maréchal de), 1825.
White (Gleeson), 1823.

ÉVREUX, IMPRIMERIE DE CHARLES HÉRISSEY

www.ingramcontent.com/pod-product-compliance
Ingram Content Group UK Ltd.
Pitfield, Milton Keynes, MK11 3LW, UK
UKHW021041220726
13924UKWH00001B/452